Bibi & Tina®

Das Koch- und Backbuch

riva

Inhalt

Snacks für die Pferdelieblinge 121

Tipps für eine Bibi & Tina-Party 129

Auf ins Bibi & Tina-Kochabenteuer!

Dieses Koch- und Backbuch führt dich in die Welt von Bibi und Tina: Du kannst einen Besuch auf dem Martinshof machen und Frau Martins berühmten Butterkuchen nachbacken, mit Bibi und Tina frühstücken und Apfelpfannkuchen naschen, mit den besten Freundinnen picknicken, auf Schloss Falkenstein ein gräfliches Menü genießen und vieles mehr! Und nicht nur das – am Ende des Buchs findest du tolle Rezepte und Tipps für eine unvergessliche Bibi & Tina-Mottoparty!

Alle Rezepte sind für die ganze Familie geeignet und können gemeinsam gekocht und gebacken werden. Bitte deine Eltern oder einen anderen Erwachsenen um Hilfe, falls du den ein oder anderen Zubereitungsschritt nicht verstehst.

Diese Abkürzungen werden verwendet:

TL = Teelöffel
EL = Esslöffel
g = Gramm
kg = Kilogramm
ml = Milliliter
l = Liter
Pck. = Päckchen
Msp. = Messerspitze
cm = Zentimeter
°C = Grad Celsius
Ø = Durchmesser

Die Backofentemperatur ist für Ober-/Unterhitze und Umluft angegeben; wenn es für das Rezept wichtig ist, dass es bei Umluft gebacken wird, dann ist nur Umluft angegeben.

Einige Gerichte sind vegan oder vegetarisch; wenn sie das nicht sind, gibt es viele Tipps, die dir helfen, das jeweilige Rezept vegan oder vegetarisch zu machen. Diese Zeichen zeigen dir, welche Rezepte vegetarisch und welche vegan sind:

Und jetzt viel Spaß beim Backen und Kochen von Bibis und Tinas Lieblingsrezepten.

Rezepte vom Martinshof

Die beiden besten Freundinnen Bibi und Tina lieben es nicht nur, gemeinsam um die Wette zu reiten, sondern sind auch begeisterte Köchinnen. Mit Unterstützung von Tinas Mutter brutzeln und backen die zwei in der Küche des Martinshofs.

Falkensteiner Gemüsetarte

Diese frische Sommertarte ist genau das Richtige für einen lauen Sommerabend auf dem Martinshof. So eine Tarte oder Quiche ist eine gute Gelegenheit, nachhaltig zu kochen, denn so kann auch übrig gebliebenes Gemüse verarbeitet werden.

Zutaten

Für 1 Quicheform (Ø 26 cm)

Für den Teig

125 g kalte Butter
250 g Mehl
1 Ei (Größe M)
Salz

Für die Füllung

450 g Lieblingsgemüse (z. B. Zucchini, Karotten, Brokkoli und Paprikaschoten)
½ Bund Frühlingszwiebeln
50 g Kirschtomaten
3 Eier (Größe M)
200 g Schmand
2 TL gehackte Kräuter (frisch oder TK)
Salz
Pfeffer
100 g Bergkäse

Quicheform

1. Für den Teig die Butter würfeln und mit Mehl, 1 Ei, 1 Prise Salz und 4 EL kaltem Wasser zu einem glatten Teig verkneten. Die Quicheform einfetten oder mit Backpapier auslegen. Den Teig in die Form geben, dabei einen Rand hochziehen, und den Boden mit einer Gabel mehrmals einstechen, dann 30 Minuten kalt stellen.

2. Den Backofen auf 180 °C Ober-/Unterhitze (Umluft 160 °C) vorheizen. Das Gemüse waschen, putzen und hobeln oder in Stifte schneiden. Frühlingszwiebeln waschen, putzen und in Ringe schneiden. Kirschtomaten waschen und halbieren. Frühlingszwiebeln, Tomaten und Gemüse auf dem Teigboden verteilen.

3. Die restlichen Eier, Schmand und Kräuter verrühren und mit Salz und Pfeffer abschmecken. Den Käse reiben und unterrühren. Die Eiermischung über das Gemüse gießen und die Tarte etwa 35 bis 40 Minuten backen.

Frau Martins Tipp:
Die Tarte kann man warm oder kalt essen. Sie kann auch eingefroren werden.

One-Pot-Pasta

Wenn Bibi und Tina mal alleine auf dem Hof sind, gibt es meist ein schnelles Gericht. Die One-Pot-Pasta ist einfach zu machen und hat den Vorteil, dass später nur ein Topf gespült werden muss! Das ist fast wie Hexerei!

Zutaten

Für 2 Portionen

500 g Kirschtomaten
½ Bund Frühlingszwiebeln
2 Knoblauchzehen (können auch weggelassen werden)
1 EL Olivenöl
500 ml Gemüsebrühe
250 g Pasta
Salz
Pfeffer
1 Bund Basilikum

1. Tomaten waschen und halbieren. Frühlingszwiebeln waschen, putzen und in Ringe schneiden. Knoblauch schälen und fein würfeln. Olivenöl in einem großen Topf erhitzen und Frühlingszwiebeln, Knoblauch und Tomaten kurz anbraten, dann mit Gemüsebrühe ablöschen.
2. Die Pasta zugeben und abgedeckt etwa 10–15 Minuten köcheln lassen (je nach Pastasorte und Packungsanweisung). Mit Salz und Pfeffer würzen. Während die Pasta kocht, Basilikum waschen, trocken schütteln und fein hacken. Die Pasta vor dem Servieren mit Basilikum bestreuen.

Tinas Tipp:

Die Nudeln schmecken auch prima mit frisch geriebenem Parmesan. Anstelle der Kirschtomaten kannst du auch gehackte Tomaten aus der Dose nehmen, so hast du noch etwas mehr Soße.

Holgers Bohnen-Eintopf

Tinas großer Bruder Holger liebt diesen Eintopf! Er verrichtet vor allem die schweren Arbeiten auf dem Hof und freut sich über ein sättigendes Mittagessen, das ihm Kraft für seine Aufgaben gibt. Manchmal kocht er den Eintopf auch selbst.

Zutaten

Für 4 Portionen

200 g Bauchspeck
1 Zwiebel
1 kg festkochende Kartoffeln
1 Glas Dicke Bohnen
(à 400 g Abtropfgewicht)
2 EL Butterschmalz
350 ml Gemüsebrühe
2 EL Butter
2 EL Mehl
4 Mettwürstchen
Salz
½ TL Pfeffer
½ TL Bohnenkraut

1. Bauchspeck würfeln. Zwiebel schälen und würfeln. Kartoffeln waschen, schälen und würfeln. Bohnen abgießen.

2. Das Butterschmalz in einem großen Topf erhitzen. Bauchspeck darin anbraten, dann die Zwiebeln zugeben und mitdünsten. Kartoffeln und Bohnen zugeben, unterrühren und mit der Gemüsebrühe aufgießen. Alles aufkochen und bei kleiner Hitze 40 Minuten köcheln lassen, dabei ab und zu umrühren.

3. 10 Minuten vor Ende der Garzeit die Butter in einem weiteren Topf zerlassen, das Mehl unterrühren und die Masse zum Andicken in den Eintopf rühren. Zuletzt die Mettwürstchen zugeben und den Eintopf mit Salz, Pfeffer und Bohnenkraut abschmecken.

Holgers Tipp:

Für eine vegetarische Variante einfach den Bauchspeck weglassen und die Mettwürstchen durch Veggie-Wienerwürstchen ersetzen!

Gemüsepuffer à la Tina

Für diese leckeren Gemüsepuffer geben Berta und Hanna, die beiden Hühner vom Martinshof, ihre wertvollen Eier gerne her. Auch das Gemüse kommt aus Frau Martins Garten.

Zutaten

Für 4 Portionen

2 Zwiebeln
2 festkochende Kartoffeln
2 Möhren
1 Zucchini
2 Eier (Größe M)
6 EL Haferflocken
8 EL Mehl
Salz
Pfeffer
3 EL Sonnenblumenöl

1. Zwiebeln schälen und fein würfeln. Kartoffeln waschen, schälen und in sehr kleine Würfel schneiden. Möhren und Zucchini waschen, putzen und ebenso klein würfeln. Alles vermengen.

2. Eier, Haferflocken, Mehl sowie je eine Prise Salz und Pfeffer unterrühren. Die Masse 10 Minuten ruhen lassen, dann die ausgetretene Flüssigkeit abgießen. Das Öl in einer großen Pfanne erhitzen und aus dem Teig flache Gemüsepuffer formen und auf mittlerer Hitze von jeder Seite 5 Minuten braten.

Tinas Tipp:

Sollte der Teig noch zu feucht sein, dann noch etwas Mehl oder Haferflocken unterkneten.

Frau Martins Butterkuchen

Kein Fest auf dem Martinshof ohne Frau Martins legendären Butterkuchen! Da kann selbst der Graf nicht Nein sagen.

Zutaten

Für 1 Blech (ca. 30 × 40 cm)

300 g Mehl
275 g Zucker
1 Pck. Backpulver
1 Pck. Vanillezucker
4 Eier (Größe M)
200 g Sahne
125 g Butter
150 g Mandelblättchen
3 EL Milch

1. Backofen auf 200 °C (Umluft 180 °C) vorheizen und ein Backblech mit Backpapier auslegen.
2. Mehl, 175 g Zucker, Backpulver und Vanillezucker in einer Schüssel verrühren. Die Eier nach und nach abwechselnd mit der Sahne langsam mit dem elektrischen Handrührgerät unterrühren.
3. Den Teig auf dem Blech verteilen und 15 Minuten im unteren Drittel des Backofens backen.
4. In der Zwischenzeit die Butter in einem Topf bei kleiner Hitze schmelzen lassen. Den restlichen Zucker (100 g), Mandelblättchen und Milch dazugeben und verrühren, bis sich der Zucker vollständig aufgelöst hat. Die Mandelmasse auf dem vorgebackenen Kuchen verteilen und nochmals 10 Minuten backen. Aus dem Ofen nehmen und abkühlen lassen.

Haferkekse

Hafer ist nicht nur für Pferde gesund; diese Haferkekse schmecken auch Holger, der gerne mal welche mitnimmt, wenn er unterwegs ist.

Zutaten

Für 20 Stück

400 g Karotten
200 g Walnusskerne
220 ml Kokosöl
100 g Haferflocken
225 g Mehl
1 Pck. Backpulver
1 TL Zimt
1 TL Meersalz
½ TL gemahlener Ingwer
80 g Rosinen
200 ml Honig

1. Backofen auf 180 °C (Umluft 160 °C) vorheizen und 2 Backbleche mit Backpapier auslegen. Karotten waschen, putzen und fein reiben. Walnüsse grob hacken und Kokosöl schmelzen lassen. 90 g Haferflocken, Mehl, Backpulver, Zimt, Salz und Ingwer in einer großen Schüssel vermengen. 380 g Karotten, Walnüsse und Rosinen unterheben.

2. Honig und flüssiges Kokosöl verrühren, bis eine cremige Masse entsteht. Honigmischung zur Mehlmischung geben und kurz verrühren, bis alles gut vermengt ist.

3. Mit einem Eisportionierer (etwa Ø 6 cm) Kugeln auf die Backbleche verteilen. Die Kugeln mit der Handfläche leicht flach drücken, die Oberseite mit einer Gabel leicht auflockern und die restlichen Karottenraspel und die restlichen Haferflocken darauf verteilen.

4. Im Ofen 15–18 Minuten goldbraun backen, aus dem Ofen nehmen und zum Abkühlen vorsichtig auf ein Kuchengitter legen.

Pflaumenkuchen nach Martinshofart

Im Herbst sammeln Bibi und Tina die Pflaumen im Obstgarten des Martinshofs ein und backen diesen einfachen, aber genialen Pflaumenkuchen mit Streuseln.

Zutaten

Für 1 Springform (Ø 26 cm)

Für den Boden

1 Würfel frische Hefe
200 ml lauwarme Milch
2 Eier
500 g Mehl
80 g Zucker
1 Prise Salz

Für den Belag

800 g Pflaumen
etwas Zimt
1 TL Zitronensaft

Für die Streusel

125 g zimmerwarme Butter
80 g Zucker
1 Pck. Vanillezucker
200 g Mehl
Salz

Außerdem

Puderzucker zum Bestäuben

1. Hefe zerbröseln und mit 2 EL Zucker in der warmen Milch unter Rühren auflösen.
2. Eier unterrühren. Mehl, restlichen Zucker und Salz vermengen, zugeben und zu einem glatten Teig verkneten. Teig abgedeckt an einen warmen Ort 1 Stunde gehen lassen.
3. Den Backofen auf 180 °C (Umluft 160 °C) vorheizen und die Springform mit Butter einfetten. Den Teig auf einer leicht bemehlten Arbeitsfläche rund ausrollen und so in die Springform legen, dass ein 3 cm hoher Rand entsteht.
4. Für den Belag die Pflaumen waschen, vierteln, entkernen und würfeln. Mit 1 Prise Zimt und Zitronensaft vermengen. Die Pflaumenwürfel auf dem Teig verteilen.
5. Für die Streusel Butter, Zucker, Vanillezucker, Mehl und 1 Prise Salz von Hand zu groben Streuseln kneten und auf dem Kuchen verteilen. Den Kuchen etwa 40 Minuten goldbraun backen. Aus dem Ofen nehmen, vollständig auskühlen lassen, dann aus der Form lösen und vor dem Servieren mit Puderzucker bestreuen.

Frau Martins Tipp:

Der Kuchen kann auch mit anderem Obst gebacken werden, z. B. mit Äpfeln, Birnen oder Aprikosen.

Tierkekse zum Ausstechen

Das ist die perfekte Beschäftigung für die Ferienkinder, falls das Wetter doch einmal zu schlecht ist, um zu reiten oder draußen zu spielen!

Zutaten

Für 900 g Kekse

200 g zimmerwarme Butter
200 g Puderzucker
2 Eier (Größe M)
60 g Speisestärke
440 g Mehl
Salz
Mark von 1 Vanilleschote

Keksausstecher in Tierform

1. Butter mit Puderzucker in der Küchenmaschine oder mit dem Handmixer verrühren. Eier unterrühren, bis sich alle Zutaten verbunden haben. Speisestärke, Mehl, 1 Prise Salz und Vanillemark dazugeben und unterkneten. Den Teig 1 Stunde kalt stellen.

2. Den Backofen auf 200 °C Umluft vorheizen und 2 Backbleche mit Backpapier auslegen. Den Teig auf einer leicht bemehlten Arbeitsfläche etwa 5 mm dick ausrollen. Alternativ den Teig zwischen 2 Backpapieren ausrollen.

3. Aus dem Teig nach Belieben Keksmotive ausstechen, auf die Bleche legen und im Ofen 7–9 Minuten backen, der Rand sollte nur ganz leicht braun sein.

4. Die Kekse nach dem Backen 2 Minuten auskühlen lassen, dann mit einem flachen Gegenstand (z. B. einem Fondantglätter) über die Kekse streichen, damit sie schön flach bleiben. Vollständig auskühlen lassen.

Bibis Tipp:

Die Kekse kann man nach Lust und Laune mit Zuckerguss und bunten Streuseln verzieren!

Original Falkensteiner Lebkuchen-Pferde

Dieses Rezept hat Frau Martin auf dem Dachboden gefunden, es stammt von ihrer Mutter. Frau Martin hat diese Lebkuchen zu Weihnachten gebacken und zusammen mit Bibi und Tina auf dem Falkensteiner Weihnachtsmarkt verkauft.

Zutaten

Für ca. 1 kg Lebkuchen

250 g Honig
100 g zimmerwarme Butter
120 g Zucker
1 EL Lebkuchengewürz
2 EL Backkakao
1 Ei (Größe M)
500 g Mehl
Salz

Keksausstecher in Pferdeform

1. Am Vortag Honig, Butter und Zucker in einem Topf erwärmen und unter Rühren so lange erhitzen, bis sich der Zucker vollständig aufgelöst hat. Lebkuchengewürz und Kakaopulver unterrühren, dann abkühlen lassen. Ei, Mehl und 1 Prise Salz zugeben und zu einem glatten Teig verkneten. Den Teig in Folie wickeln und über Nacht kalt stellen.

2. Am nächsten Tag den Backofen auf 160 °C Umluft vorheizen und mindestens 2 Bleche mit Backpapier belegen. Den Lebkuchenteig auf einer leicht bemehlten Arbeitsfläche ausrollen, Pferde ausstechen und auf die Bleche legen.

3. Im Ofen 10–14 Minuten backen, bis die Ränder leicht braun werden. Aus dem Ofen nehmen und auskühlen lassen.

Bibis Tipp:

Wer die Lebkuchen noch mit einer Glasur verzieren möchte, der verrührt 250 g Puderzucker mit 1 Eiweiß und 1 Spritzer Zitronensaft. Die Glasur in einen Spritzbeutel füllen und die Pferde nach Belieben verzieren.

Selbst gemachte Zitronenlimonade

Im Sommer kann es auf dem Martinshof auch mal sehr heiß werden. Da kommt eine Abkühlung gerade recht – vor allem nach einem wilden Wettreiten auf Amadeus und Sabrina.

Zutaten

Für 1 l

5 Bio-Zitronen
2 Zweige Zitronenthymian (oder Thymian)
80 g Zucker
700 ml Mineralwasser
Eiswürfel

1. Am Vortag die Zitronen heiß abwaschen und trocken reiben. Die Schale von 3 Zitronen abreiben, dabei darauf achten, nur den gelben Teil abzulösen, da die weiße Haut bitter ist. Alle Zitronen auspressen und den Saft auffangen.

2. Zitronenschalen und Zitronenthymian zusammen mit dem Zucker in einen Mörser geben und kräftig zerdrücken. Zitronenzucker mit 300 ml Wasser und dem Zitronensaft vermengen und über Nacht ziehen lassen.

3. Die Limonade am nächsten Tag durch ein Sieb in einen Krug gießen und mit Mineralwasser auffüllen. Mit Eiswürfeln servieren.

Apfel-Kräuter-Limonade

Die Kräuter für diese Limo sammeln Bibi und Tina im Garten des Martinshofs.

Zutaten

Für 2 l

4 Bio-Zitronen
4 Stiele Zitronenmelisse
1 Zweig Rosmarin
4 Stiele frische Minze
500 ml Apfelsaft
1,4 l Mineralwasser mit Kohlensäure

1. Die Zitronen heiß abwaschen und trocken reiben. Die Zitronenschale in Spiralen abschälen und den Saft auspressen. Die Kräuter waschen und trocken schütteln.

2. Zitronensaft, -schale, Zitronenmelisse, Rosmarin und Minze auf 2 1-l-Flaschen verteilen. Mit Apfelsaft und Mineralwasser auffüllen und bis zum Servieren kalt stellen.

Frühstück mit der BFF

FARINE

Heidelbeer-Buttermilch-Brötchen

Bibi und Tina kennen im Falkensteiner Forst die besten Stellen, um Heidelbeeren zu pflücken. Wenn der Korb voll ist, backt Frau Martin daraus diese wunderbaren Brötchen zum Frühstück.

Zutaten

Für 9 Stück

Für den Teig

550 g Mehl
1 TL Salz
1 Pck. Backpulver
2 TL Zimt
25 g kalte Butter
200 g Heidelbeeren
85 g Puderzucker
300 ml Buttermilch
150 ml Milch
1 TL Vanilleextrakt

Für die Streusel

35 g Mehl
25 g Zucker
25 g weiche Butter
1 TL Zimt

1. Den Backofen auf 170 °C Umluft vorheizen und ein Backblech mit Backpapier belegen. Mehl mit dem Salz, Backpulver und Zimt vermengen. Die Butter würfeln und unterkneten. Die Heidelbeeren mit dem Puderzucker vermengen.
2. Buttermilch, Milch und Vanilleextrakt unter die Mehlmasse rühren. Zuletzt Heidelbeeren und Puderzucker unterheben.
3. Mit bemehlten Händen etwa 9 runde Bällchen formen und nebeneinander auf das Blech legen.
4. Für die Streusel alle Zutaten mit den Händen verkneten und auf die Teigbällchen verteilen. Im Ofen 25–30 Minuten goldbraun backen.

Gesunde Apfelpfannkuchen

Wenn im Spätsommer die Äpfel reif sind, genießen die Martins und ihre Ferienkinder diese gesunden Apfelpfannkuchen.

Zutaten

Für 8 Stück

1 großer Apfel
150 g Dinkelmehl
1 TL Zucker
2 TL Backpulver
1 TL Speisestärke
Salz
3 EL Speiseöl
Puderzucker zum Bestäuben

1. Den Apfel waschen, Kerngehäuse mit einem Apfelausstecher entfernen und den Apfel in 8 Scheiben schneiden. Mehl, Zucker, Backpulver, Speisestärke und 1 Prise Salz vermengen. 200 ml Wasser und 1 EL Öl zugeben und verrühren. Den Teig 5 Minuten quellen lassen.

2. Das restliche Öl in einer kleinen Pfanne (etwa Ø 12 cm) erhitzen. Etwas Teig in die Mitte geben und eine Apfelscheibe darauflegen. Von beiden Seiten 2 Minuten backen. Die weiteren Pfannkuchen genauso zubereiten. Vor dem Servieren mit etwas Puderzucker bestäuben.

Frau Martins Tipp:

Anstelle des Apfels kann natürlich auch anderes Obst genommen werden. Pflaumen, Birnen und Bananen sind besonders lecker.

Selbst gemachtes Granola

Dieses Granola ist viel gesünder als Müsli, das man im Laden kaufen kann, und schmeckt Bibi und Tina besonders gut. Die beiden Mädchen lieben es, das Granola selbst zu machen!

(je nach Schokoladensorte)

Zutaten

Für ca. 1 kg

100 ml Kokosöl
150 ml Ahornsirup
25 g Zucker
1 Prise Salz
360 g kernige Haferflocken
350 g Haselnüsse
30 g Mandeln
200 g Lieblingsschokolade

1. Das Kokosöl schmelzen lassen. Den Backofen auf 160 °C (Umluft 140 °C) vorheizen und ein Backblech mit Backpapier auslegen.
2. In einer Schüssel Kokosöl, Ahornsirup, Zucker und 1 Prise Salz vermengen. In einer weiteren, großen Schüssel Haferflocken, Haselnüsse und Mandeln vermengen. Kokosölmischung unterheben.
3. Die Masse auf das Backblech geben, gut verteilen und etwa 1 Stunde backen. Vollständig abkühlen lassen. In der Zwischenzeit die Schokolade grob hacken. Zuletzt das Granola in Stücke brechen und mit der gehackten Schokolade vermengen.

Tinas Tipp:

In einem luftdichten Behälter aufbewahrt, hält sich das selbst gemachte Granola 12 Wochen.

Haferbrei mit Zimt und Banane

Wenn Bibi und Tina es besonders eilig haben, mit Amadeus und Sabrina loszureiten, kochen sie sich diesen schnellen und sättigenden Brei.

Zutaten

Für 2 Portionen

250 ml Milch
80 g Haferflocken
1 EL Zucker
1 TL Salz
2 Bananen
etwas Zimt

1. Milch, Haferflocken, Zucker und Salz in einem Topf verrühren und aufkochen lassen. Bananen schälen, in Scheiben schneiden und unterrühren. Vom Herd nehmen und alles 3 Minuten ziehen lassen.

2. Auf 2 Schälchen aufteilen und mit etwas Zimt bestreut servieren.

Tinas Joghurt-Bowl

Diese Bowl sieht nicht nur hübsch aus, sondern schmeckt auch fantastisch. Sie steckt voller Vitamine, und besonders Tina liebt dieses bunte Frühstück.

Zutaten

Für 2 Portionen

2 Kiwis
50 g Himbeeren
50 g Brombeeren
50 g Heidelbeeren
1 Bio-Limette
200 g griechischer Joghurt
2 EL Honig
200 g Müsli

1. Kiwis schälen und halbieren. Die Beeren vorsichtig waschen und die Hälfte davon pürieren, die andere Hälfte beiseite stellen. Die Limette heiß abwaschen, trocken reiben, die Schale abreiben und den Saft auspressen. Den Joghurt mit Honig und etwas Limettensaft abschmecken.

2. Den Joghurt auf 2 Schalen verteilen und mit Müsli, Kiwis, beiseite gestellten Beeren und Beerenpüree garnieren. Zum Schluss etwas Limettenabrieb darüberstreuen.

Rührei wie auf dem Martinshof

Rührei schmeckt nicht nur, wenn man wie Familie Martin eigene Hühner hat.

Zutaten

Für 2 Portionen

Das Grundrezept

2 Eier
1 EL Milch
Salz, Pfeffer
etwas frischer Schnittlauch
Öl zum Braten

1. Eier mit der Milch verquirlen, dann mit Salz und Pfeffer würzen. Schnittlauch waschen, trocken schütteln und in Röllchen schneiden.
2. 1 EL Öl in einer Pfanne erhitzen. Eimasse in die Pfanne geben und bei mittlerer Hitze stocken lassen, bis das Ei fest geworden ist. Vor dem Servieren mit etwas Schnittlauch bestreuen.

Holgers Tipp:

Je nach Geschmack kannst du dein Rührei beliebig variieren. Du kannst z. B. in der Pfanne Schinkenstückchen kurz anbraten und dann die Eimasse in die Pfanne geben. Für die vegetarische Variante kannst du auch klein geschnittenes Gemüse wie Paprikaschoten, Tomaten, Zucchini und Pilze zuerst 2 Minuten in der Pfanne andünsten, bevor du die Eimasse dazugibst.

Karamell-Brotaufstrich für Naschkätzchen

Dieser Brotaufstrich ist einfach lecker, und mit der Mandelmilch ist er sogar vegan. Datteln sind ein guter Zuckerersatz und enthalten Magnesium, Kalium, Kalzium und Eisen.

Zutaten

Für 1 Glas (ca. 400 ml)

2 EL Kokosöl
200 g weiche Datteln (entsteint)
200 ml Mandelmilch
2 EL Cashewmus
½ TL Vanilleextrakt
Salz

Das Kokosöl schmelzen. Alle Zutaten mit 1 Prise Salz in einen leistungsstarken Mixer geben und cremig pürieren. In ein sterilisiertes Glas (siehe Seite 109) abfüllen. Luftdicht verschlossen, hält sich der Brotaufstrich im Kühlschrank 1 Woche.

Tinas Tipp:

Sollten die Datteln noch zu hart sein, 12 Stunden in Wasser einlegen und dann abgießen.

Susanne Martins Nuss-Nougat-Creme

Nuss-Nougat-Creme selbst machen geht ganz flott und ist viel gesünder als die gekauften Alternativen aus dem Supermarkt. Frau Martin bereitet sie gerne vor und hat sie immer für das Frühstück der Ferienkinder bereit.

Zutaten

Für 2 Gläser (à ca. 200 ml)

400 g Haselnüsse
6 EL Sonnenblumenöl
4 EL Backkakao
½ TL Vanilleextrakt
6 EL Agavendicksaft
Salz

1. Den Backofen auf 150 °C Umluft vorheizen. Die Haselnüsse auf einem Backblech verteilen und etwa 15 Minuten im Ofen rösten. Abkühlen lassen und auf ein sauberes Küchentuch geben. Die Haselnüsse in das Tuch einschlagen und abrubbeln, sodass sie etwas von der braunen Haut verlieren.

2. Die Haselnüsse nach und nach in einen Mixer geben und klein mixen. Langsam das Öl zugeben, bis eine cremige Konsistenz erreicht ist. Dem Mixer ruhig ab und zu eine kleine Pause gönnen, da es sehr lange dauert, bis die Konsistenz schön cremig wird.

3. Zuletzt Backkakao, Vanilleextrakt, Agavendicksaft und 1 Prise Salz zugeben und unterrühren. In sterilisierte Gläser füllen (siehe Seite 109).

Frau Martins Tipp:

Verschlossen im Kühlschrank ist die Schokocreme einige Wochen haltbar. Ein paar Minuten vor dem Verzehr aus dem Kühlschrank nehmen, damit sie streichbar wird.

Apfelgelee

Für das Apfelgelee eignen sich besonders feste, säuerliche Äpfel, so wie sie im Obstgarten des Martinshofs zu finden sind.

Zutaten

Für 5 Gläser (à 300 ml)

1,5 kg Äpfel
1 Vanilleschote
1 Bio-Zitrone
500 g Gelierzucker (2:1)

1. Äpfel waschen, Kerngehäuse entfernen und in mundgerechte Stücke schneiden. 1 l Wasser zusammen mit den Apfelstücken in einem großen Topf aufkochen. Die Vanilleschote längs halbieren und in den Topf geben. 15 Minuten köcheln lassen. Alles über ein feines Küchensieb abgießen und den Saft auffangen.

2. Die Zitrone heiß abwaschen und trocken reiben. Die Schale abreiben und den Saft auspressen. Den aufgefangenen Apfelsaft zusammen mit der Zitronenschale und 3 EL des ausgepressten Zitronensafts in einen Topf geben. Den Gelierzucker zugeben und aufkochen. Alles 4 Minuten kochen lassen.

3. Das noch heiße Gelee in sterilisierte Gläser (siehe Seite 109) füllen und diese gut verschließen. An einem dunklen und kühlen Ort gelagert hält sich das Gelee etwa 1 Jahr.

Frau Martins Tipp:

Die gekochten Äpfel kannst du auch gerne über Nacht abtropfen lassen. Aus den übrig gebliebenen Apfelstücken kannst du dir ein tolles Kompott machen, indem du etwas Zimt und Zucker mit den weich gekochten Apfelstückchen verrührst. Schmeckt warm und kalt.

Heidelbeer-Bananen-Smoothie

Hubert, der Hahn, kräht, und alle Bewohner des Martinshofs wachen auf! Wenn es dann mit dem Frühstücken schnell gehen soll, ist ein Smoothie eine gute Wahl.

Zutaten

Für 4 Gläser

200 g Heidelbeeren (frisch oder TK)
200 g Bananen (ca. 2 Stück)
600 g Magermilchjoghurt
1 TL Zucker

Heidelbeeren waschen oder in einem Sieb auftauen lassen. Bananen schälen und in Scheiben schneiden. Heidelbeeren, Bananen, Joghurt und Zucker zusammen pürieren. Kalt stellen und genießen.

№ 7
ANNOTATION
God is man and surpasses
man at the same time.
Duane Isely. 197

Grüner-Kiwi-Smoothie

Holger liebt diesen grünen Smoothie! Er genießt ihn in Ruhe, bevor er den Ferienkindern Reitunterricht gibt, und macht auch gerne eine Portion für seine kleine Schwester mit.

Zutaten

Für 1 Glas

6 Minzblätter
1 Kiwi
1 Apfel
½ Salatgurke
50 ml Mineralwasser mit Kohlensäure

Minze waschen und trocken schütteln. Kiwi schälen und halbieren. Apfel waschen, Kerngehäuse entfernen und würfeln. Salatgurke waschen und ebenfalls würfeln. Alle Zutaten zusammen pürieren, kalt stellen und genießen.

Picknick mit Bibi und Tina

Bibi und Tina sind mit ihren Pferden Amadeus und Sabrina viel in der Natur – vor allem im Falkensteiner Forst und auf den Feldern und Wiesen rund um den Martinshof. Wenn sie mit Tinas Freund Alex den ganzen Tag unterwegs sind, nehmen sie sich gerne einige Kleinigkeiten zum Picknicken mit. Auf einer schönen Lichtung oder Wiese machen sie es sich dann gemütlich und genießen mit ihren Pferden eine kleine Pause.

Bibis und Tinas Lieblingssandwiches

Bei den Sandwiches kannst du ganz kreativ sein und sie nach Lust und Laune belegen. Für Bibis und Tinas Lieblingssandwiches benötigst du:

Zutaten

Für 4 Portionen

8 Vollkorn-Sandwichscheiben
8 TL Mayonnaise
2 TL milder Senf
4 Scheiben Cheddar-Scheibenkäse
4 Salatblätter
2 Tomaten
½ Zucchini
1 Möhre
½ Salatgurke
1 rote Paprikaschote

Holzstäbchen

1. Sandwichscheiben nebeneinanderlegen. Mayonnaise und Senf verrühren und die Sandwichscheiben damit bestreichen. Auf 4 Sandwichscheiben je 1 Scheibe Cheddar und Salat legen.

2. Tomaten waschen und in Scheiben schneiden. Zucchini, Möhren und Gurke waschen, putzen und ebenfalls in dünne Scheiben schneiden. Paprikaschote waschen, entkernen und in feine Streifen schneiden. Das Gemüse auf die 4 Sandwiches verteilen und mit den restlichen 4 Brotscheiben abdecken. Leicht zusammendrücken und jedes Sandwich einmal diagonal durchschneiden. Dann mit Holzstäbchen durchbohren, damit sie auch beim Transport schön zusammenhalten.

Bibis und Tinas Tipps:

Du kannst die Sandwichscheiben mit Rand (so wie Bibi es mag) oder ohne Rand (wie Tina es am liebsten mag) zubereiten. Bei Tinas Version schneidest du die Brotränder vor dem Belegen ab. Eischeiben, Putenbrust und etwas Kresse schmecken auch auf den Sandwiches.

Blätterteig-Pizzaschnecken für Alex

Alex liebt diese Pizzaschnecken!
Wenn Bibi und Tina sich mit ihm an der Alten Eiche treffen, packen sie diese Pizzaschnecken auf jeden Fall ein.

Zutaten

Für 16 Stück

75 g Crème fraîche
½ TL Speisestärke
1 EL Tomatenmark
1 TL getrocknete italienische Kräuter
Salz
½ TL gemahlener Pfeffer
1 Rolle frischer Blätterteig
50 g Salamischeiben
50 g hauchdünn geschnittener gekochter Schinken
50 g geriebener Gouda

1. Backofen auf 200 °C (Umluft 180 °C) vorheizen. Ein Backblech mit Backpapier belegen. Crème fraîche mit Speisestärke, Tomatenmark, Kräutern und 1 Prise Salz und Pfeffer verrühren.

2. Den Blätterteig ausrollen und mit der Soße bestreichen, dabei am oberen Rand etwa 1 cm frei lassen. Mit Salami und Schinken belegen, von der langen Seite her aufrollen und in 16 Scheiben schneiden.

3. Die Schnecken auf das Blech legen, mit Käse bestreuen und in 15–20 Minuten goldbraun backen.

Tinas Tipp:
Als vegetarische Variante nimmt man statt Salami und Schinken einfach klein geschnittenes Gemüse – z. B. Paprika und Zucchini!

Gefüllte Blätterteigtaschen

Auch diese Blätterteigtaschen lassen sich wunderbar verpacken und mitnehmen auf das nächste Abenteuer von Bibi, Tina und Alex.

Zutaten

Für 6 Stück

1 Pck. Blätterteig (in Scheiben, TK; etwa 450 g)
150 g Kräuterfrischkäse
2 TL Tomatenmark
6 Scheiben Gouda
4 eingelegte, getrocknete Tomaten

Zum Bestreichen

1 Ei
50 g geriebener Gouda

1. Backofen auf 200 °C (Umluft 180 °C) vorheizen. Ein Backblech mit Backpapier belegen. Die Blätterteigplatten nebeneinander auf das Backblech legen.
2. Den Kräuterfrischkäse mit dem Tomatenmark verrühren und die Blätterteigplatten damit bestreichen. Je 1 Scheibe Käse auf die Platten legen. Getrocknete Tomaten klein schneiden und darauf verteilen.
3. Die Blätterteigplatten zusammenklappen und die Seiten mit einer Gabel etwas andrücken. Das Ei verquirlen und die Blätterteigtaschen damit einpinseln. Mit Käse bestreuen und etwa 20 Minuten backen.

Bunter Nudelsalat

Nudelsalat ist ein absoluter Klassiker und schmeckt auch Bibi und Tina.

Zutaten

Für 4 Portionen

250 g Hörnchennudeln
½ Gurke
4 Gewürzgurken plus 5 EL Gurkenwasser
100 g Cocktailtomaten
1 Bund Radieschen
1 Dose Mais (ca. 425 g)
50 ml Milch
½ TL Dijonsenf
100 ml Sonnenblumenöl
1 TL Zitronensaft
Salz
Pfeffer
je 1 TL gehackte Petersilie und Schnittlauch

1. Die Nudeln nach Packungsanweisung in reichlich Salzwasser al dente kochen, abgießen und mit kaltem Wasser abspülen.

2. Gurke waschen, nach Belieben schälen und mit den Gewürzgurken würfeln. Tomaten waschen und halbieren. Radieschen waschen, putzen und in Scheiben schneiden. Mais abtropfen lassen. Nudeln und Gemüse in einer großen Schüssel vermengen.

3. Für die Mayonnaise Milch und Senf in ein hohes Gefäß geben und mit einem Pürierstab schaumig aufschlagen, dann das Öl langsam zugießen, dabei weiter pürieren, bis alles eingedickt ist. Mit Zitronensaft, Salz, Pfeffer, Petersilie und Schnittlauch abschmecken.

4. Zuletzt das Gurkenwasser und die Mayonnaise unter die Nudelmischung heben.

Alex Tipp:

Wer es gerne deftiger mag, kann noch 150 g Fleischwurst, gepellt und in kleine Stückchen geschnitten, ergänzen!

Vegetarische Wraps

Diesen supergesunden Wrap mag Tina besonders gern. Er ist schnell gemacht und ganz ohne Fleisch. Statt Fleisch gibt es hier knackiges Gemüse und Obst!

Zutaten

Für 1 Portion

½ Minigurke
1 Apfel
1 EL Zitronensaft
½ Stangensellerie
1 Handvoll gemischte Salatblätter
1 Wrap
2 TL Frischkäse

1. Gurke waschen, halbieren und in dünne Scheiben schneiden. Apfel waschen, vierteln, Kerngehäuse entfernen und in dünne Scheiben schneiden.
2. Zitronensaft mit den Apfelscheiben vermengen. Sellerie waschen, putzen, halbieren und schräg in dünne Scheiben schneiden. Salat waschen und trocken schütteln.
3. Den Wrap mit Frischkäse bestreichen und den Salat darauf verteilen. Das Gemüse und die Apfelscheiben darauflegen und fest einrollen. In 2 Hälften schneiden.

Bibis und Tinas Tipp:
Auch sehr lecker: Muffins halbieren und mit etwas Butter bestreichen.

Erdnussbutter-Bananen-Muffins

Für ein Picknick sind die Muffins bestens geeignet, denn sie schmecken sowohl kalt als auch warm wunderbar.

Zutaten

Für 12 Stück

1 EL Butter für die Form
80 ml Oliven- oder anderes Pflanzenöl
40 ml Honig
80 g Erdnussbutter
2 Eier (Größe M)
3 überreife Bananen
60 ml Milch
½ TL Vanilleextrakt (oder Vanille aus der Mühle)
½ TL Salz
½ TL Zimt
210 g Vollkornmehl
1 TL Backpulver
25 g Haferflocken plus 2 EL zum Bestreuen
1 TL brauner Zucker

Muffinform

1. Backofen auf 165 °C (Umluft 145 °C) vorheizen. Die Muffinform mit der Butter einfetten.

2. Olivenöl, Honig und Erdnussbutter verrühren. Eier nach und nach unterrühren. Bananen schälen, mit einer Gabel zerdrücken und unterrühren. Milch, Vanille, Salz und Zimt dazugeben und gut verrühren.

3. Mehl und Backpulver vermengen und mit 25 g Haferflocken verrühren, dann unter den Teig rühren. Den Teig auf die Muffinförmchen verteilen.

4. 2 EL Haferflocken und braunen Zucker darüberstreuen. Im Ofen etwa 22–25 Minuten goldbraun backen. Aus dem Ofen nehmen, etwas abkühlen lassen, dann vorsichtig aus der Form lösen.

Mini-Gugel

Die kleinen Kuchen sind etwas ganz Besonderes und machen beim Picknicken richtig was her! Da brauchen Bibi und Tina beim Backen vielleicht doch noch etwas Hilfe von der erfahrenen Bäckerin Frau Martin.

Zutaten

Für 24 Stück

1 Bio-Zitrone
125 g Butter plus mehr für die Form
125 g Zucker
1 Pck. Vanillezucker
Salz
3 Eier (Größe M)
250 g Mehl plus mehr für die Form
½ Pck. Backpulver
Puderzucker zum Bestäuben

Mini-Gugelhupfform oder Muffinförmchen
Spritzbeutel

1. Den Backofen auf 150 °C Umluft vorheizen. Die Mini-Gugelhupfform einfetten und mit etwas Mehl bestäuben. Die Zitrone heiß abwaschen und trocken reiben. Die Schale abreiben und die halbe Zitrone auspressen.

2. Butter, Zucker, Vanillezucker und 1 Prise Salz cremig rühren. Zitronensaft und Zitronenschale dazugeben und unterrühren. Die Eier nacheinander unterrühren. Mehl und Backpulver mischen und dazugeben. Alles zu einem glatten Teig verrühren.

3. Den Teig mit einem Spritzbeutel in die Mulden der Gugelhupfform füllen. Im Ofen 10–15 Minuten backen, abkühlen lassen und aus der Form lösen. Mit Puderzucker bestäuben.

Frau Martins Tipp:

Wer einen dicken Schokoladenüberzug mag, schmilzt 150 g Kuvertüre über einem Wasserbad, füllt diese in die Gugelhupfformen, drückt die ausgekühlten Mini-Gugel wieder in die Form und lässt alles 2 Stunden im Kühlschrank festwerden.

Müsli-Nussecken

Dieses Rezept ergibt eine ordentliche Menge an Nussecken! Sehr praktisch, wenn die beiden Freundinnen mit den Ferienkindern unterwegs sind.

Zutaten

Für 24 Stück

100 g Haferflocken
200 g gestiftete Mandeln
100 g gemahlene Haselnüsse
100 g Zartbitterschokolade
200 g Butter
140 g Zucker
1 Prise Salz
3 EL Aprikosenkonfitüre

1. Backofen auf 170 °C (Umluft 150 °C) vorheizen und ein Backblech mit Backpapier auslegen. Haferflocken mit Mandeln und Haselnüssen vermengen. Schokolade grob hacken und unterheben.

2. Butter, Zucker und 1 Prise Salz in einem Topf erhitzen, bis sich der Zucker vollständig aufgelöst hat und eine goldbraune Farbe angenommen hat. Konfitüre unterrühren und vom Herd nehmen. Haferflocken-Masse unterheben. Die Masse mit einem Pfannenwender 1 cm dick auf das Backpapier streichen und 15 Minuten backen.

3. Nach dem Backen mit dem Pfannenwender die Ränder flach drücken, dann 30 Minuten auskühlen lassen. In 4 Streifen schneiden. Aus jedem Streifen 6 Dreiecke schneiden.

Tinas Tipp:

Die Nussecken halten sich luftdicht verschlossen im Kühlschrank 2 Wochen.

Leckeres von Schloss Falkenstein

Bei großen Feiern auf Schloss Falkenstein empfängt Butler Dagobert die Gäste. Während der Graf und sein Sohn die Gäste begrüßen, serviert der Butler bunte Erfrischungen. Als Appetizer gibt es etwas Fingerfood wie die kleinen Zucchini-Röllchen. Selbstverständlich gibt es danach ein exquisites 3-Gänge-Menü.

Bunte Begrüßungscocktails

Für kleine und große Schlossgäste gibt es alkoholfreie Erfrischungen in verschiedenen Farbvarianten. Bibi bevorzugt »Das Blaue vom Himmel«, während Tina lieber »Die grüne Wiese« wählt.

Das Blaue vom Himmel

Zutaten

Für 2 Gläser

200 ml Ananassaft
20 ml Blue-Curaçao-Sirup (alkoholfrei)
40 ml Kokosmilch
20 g Sahne
Eiswürfel

Alle Zutaten bis auf die Eiswürfel verrühren und auf mit Eis gefüllte Gläser aufteilen.

Die grüne Wiese

Zutaten

Für 2 Gläser

200 ml Orangensaft
20 ml Blue-Curaçao-Sirup (alkoholfrei)
Eiswürfel

Orangensaft und Sirup verrühren und in die mit Eis gefüllten Gläser gießen.

Tinas Tipp:

Mit lustigen Zutaten wie kleinen Papierschirmchen und Cocktailstickern könnt ihr ganz eigene tolle bunte Drinks kreieren.

Dagoberts Zucchini-Röllchen

Dagobert ist nicht nur Butler, sondern er liebt es auch, zu kochen. Die Zucchini-Röllchen bereitet er besonders gerne zu.

Zutaten

Für ca. 20–25 Stück

2 Zucchini
50 g Schnittlauch
50 g Walnusskerne
150 g Frischkäse
Salz
Pfeffer

Holzspieße

1. Zucchini waschen, die Enden abschneiden und längs mit einem Gemüsehobel in in etwa 5 cm feine Streifen schneiden. Schnittlauch waschen, trocken schütteln und in Röllchen schneiden. Walnüsse in einer Pfanne ohne Fettzugabe kurz anrösten.

2. Schnittlauch, Walnusskerne und Frischkäse pürieren. Mit Salz und Pfeffer würzen. Die Zucchinistreifen dünn mit der Frischkäsemasse bestreichen und vorsichtig aufrollen. Mit einem Holzspieß fixieren. Zu den Begrüßungscocktails servieren.

Falkos Vanille-Kürbissuppe

Der Graf liebt nicht nur edle Pferde, sondern auch gutes Essen. Diese Kürbissuppe bekommt ihre besondere Note durch den Hauch von Vanille und ist Teil des gräflichen Menüs.

Zutaten

Für 4 Portionen

600 g Hokkaido-Kürbis
1 kleine Zwiebel
2 Knoblauchzehen
1 Vanilleschote
2 EL Butter
1 l Gemüsebrühe
3 Zweige Thymian
200 g Sahne
Salz
Pfeffer
1 Bio-Orange

1. Kürbis waschen, entkernen und würfeln. Zwiebel und Knoblauch schälen und fein hacken. Die Vanilleschote längs halbieren und das Mark mit einem Messer herauskratzen.

2. Die Butter in einem Topf schmelzen. Zwiebel, Knoblauch und das Mark der Vanilleschote zugeben und unterrühren. Mit Gemüsebrühe aufgießen, die Kürbiswürfel zugeben und alles 20 Minuten köcheln lassen. Thymian zugeben und 5 Minuten weiter köcheln lassen, dann 100 g Sahne unterrühren. Thymianzweige entfernen und alles pürieren. Mit Salz und Pfeffer abschmecken.

3. Die Orange heiß abwaschen, trocken reiben und die Schale abreiben. Orange auspressen und den Saft unter die Suppe rühren. Die restliche Sahne (100 g) leicht aufschlagen, Suppe in Schüsseln geben und mit der Sahne und dem Orangenabrieb garnieren.

Falkos Tipp:
Es gibt extra Spätzlemehl zu kaufen. Du kannst aber auch Mehl Type 550 verwenden.

Gräfliches Rahmgeschnetzeltes mit Spätzle

Zu einem gräflichen Menü gehört als Hauptgericht dieses Rahmgeschnetzelte mit selbst gemachten Spätzle.

Zutaten

Für 4 Portionen

Für das Rahmgeschnetzelte

1 Zwiebel
150 g Champignons
750 g mageres Fleisch (Rind, Kalb, Schwein oder Geflügel)
Salz
Pfeffer
Paprikapulver (edelsüß)
1 EL Mehl
3 EL Sonnenblumenöl
200 ml Geflügelfond
200 g Sahne
¼ Bund frische Petersilie

Für die Spätzle

400 g Mehl (siehe Tipp)
4 Eier (Größe M)
Salz

Spätzlepresse

Gräfliches Rahmgeschnetzeltes:

1. Die Zwiebel schälen und in feine Würfel schneiden. Die Champignons putzen und in Scheiben schneiden. Das Fleisch in feine Streifen schneiden und mit Pfeffer, Salz und Paprikapulver würzen, dann im Mehl wenden.

2. In einer großen Pfanne das Öl erhitzen und die Zwiebeln darin glasig dünsten. Champignons zugeben, umrühren und 1 Minute mitdünsten. Das Fleisch dazugeben und rundherum anbraten, dabei die Champignons an den Pfannenrand schieben. Das Fleisch mit dem Fond ablöschen und aufkochen lassen, Sahne unterrühren und auf mittlerer Hitze 20 Minuten leicht köcheln lassen.

3. Petersilie waschen, trocken schütteln und fein hacken. Das Geschnetzelte mit der Petersilie bestreuen und mit Spätzle servieren.

Spätzle:

1. Mehl, Eier und 1 Prise Salz in eine Schüssel geben. 220 ml Wasser langsam unterrühren. Der Teig ist perfekt, wenn er zähflüssig von einem Löffel fließt. Den Teig zugedeckt für 20 Minuten im Kühlschrank ruhen lassen.

2. In einem großen Topf Wasser mit 1 TL Salz zum Kochen bringen. Die Temperatur zurückdrehen, damit das Wasser nur leicht köchelt. Mit der Presse den Teig in das siedende Wasser geben. Die Spätzle sind gar, wenn sie oben schwimmen. Spätzle mit einer Schaumkelle herausnehmen.

Kokosmousse mit Mandarinen

Alex mag Tina – aber diesen Nachtisch, der das gräfliche Menü krönt, mag er fast genauso gerne!

Zutaten

Für 4 Portionen

2 Blätter Gelatine
3 Mandarinen
300 g Magerquark
2 EL Honig
150 ml Kokosmilch
100 g saure Sahne
4 TL Kokoschips
100 g Sahne
2 EL Puderzucker

1. Gelatine (nach Packungsanweisung) in kaltem Wasser einweichen. 2 Mandarinen auspressen und den Saft auffangen.
2. Quark mit Honig, Kokosmilch und saurer Sahne verrühren. Den Mandarinensaft zugeben und verrühren. Gelatine ausdrücken und zusammen mit 4 EL der Quarkcreme in einem Topf erwärmen, bis die Gelatine geschmolzen ist. Dann unter die restliche Quarkcreme rühren. Die Masse auf 4 Gläser aufteilen und 1 Stunde kalt stellen.
3. In der Zwischenzeit die Kokoschips in einer Pfanne ohne Fettzugabe kurz rösten und abkühlen lassen. Die dritte Mandarine schälen und in Stücke teilen. Die Sahne mit dem Puderzucker steif schlagen und auf die Gläser verteilen. Mit den Kokoschips und den restlichen Mandarinenscheiben garnieren.

Tinas Tipp:

Mit vegetarischem Geliermittel aus Agar Agar oder Johannisbrotkernmehl wird dieses Mousse im Handumdrehen vegetarisch!

Lieblingsspeisen aus Falkenstein

Bibi liebt Kartoffelbrei, Tina Spaghetti und Alex einen Hauch von Indien. Hier findest du eine Reihe von Lieblingsgerichten rund um Falkenstein und seine Bewohner.

Bibis Kartoffelbrei

Dass Bibi Kartoffelbrei mag, ist bekannt. Um Abwechslung in das cremige Püree zu bringen, gibt es ein paar Toppings obendrauf. Du kannst eine richtige Kartoffelbrei-Party feiern. Bereite einfach einen Riesentopf voller Kartoffelbrei für deine Gäste zu und stelle als Buffet ganz viele verschiedene Schüsselchen voller Toppings bereit. So kann jeder seinen Kartoffelbrei mit seinen Lieblingszutaten essen.

Das Grundrezept

Zutaten

Für 4 Portionen

1 kg mehligkochende Kartoffeln
400 ml Vollmilch
1 TL Salz
90 g Butter
1 Msp. frisch geriebene Muskatnuss

1. Kartoffeln waschen, schälen und in Würfel schneiden. Kartoffelwürfel über einem Sieb gut durchspülen. Die Kartoffelwürfel in einen Topf geben und mit Milch aufgießen. Salz zugeben.
2. Unter Rühren langsam zum Kochen bringen, dann mit Deckel auf kleiner Stufe 25 Minuten köcheln lassen, dabei ab und zu umrühren.
3. Vom Herd nehmen, Butter und Muskatnuss zugeben und mit einem Kartoffelstampfer zu Püree stampfen. Das Kartoffelpüree bekommt nach einigen Minuten noch eine festere Konsistenz.
4. Nun kannst du dein Kartoffelpüree genießen oder mit ein paar Toppings aufpeppen. Auch lecker: etwas geriebenen Gouda, Parmesan und/oder Schnittlauch auf dem Kartoffelpüree verteilen.

Hier geht's weiter ▶

Bibis Tipp:

Achtung: Wenn du den Kartoffelbrei mit einem Pürierstab oder dem Handrührgerät glättest, wird er zäh und glitschig. Nimm lieber einen Kartoffelstampfer oder eine Gabel zum Zerdrücken.

Apfel-Speck-Topping

Zutaten

1 Zwiebel
1 Apfel
2 EL Butter
100 g Speckwürfel

1. Zwiebel schälen und fein würfeln. Apfel waschen, abtrocknen, halbieren und das Kerngehäuse entfernen, dann fein würfeln.

2. In einer Pfanne die Butter schmelzen und den Speck knusprig braten, dann die Apfel- und Zwiebelwürfel dazugeben und unter Rühren 5 Minuten dünsten. Noch warm über das Püree geben.

Kürbiskern-Zwiebel-Topping

Zutaten

80 g Kürbiskerne
80 g Röstzwiebeln
2 EL Erdnussbutter
2 EL Sojasoße
1 EL Kürbiskernöl
Pfeffer
1 TL Schnittlauchröllchen

Kürbiskerne, Röstzwiebeln, Erdnussbutter, Sojasoße und Kürbiskernöl in einen Mixer geben und kurz grob zerkleinern. Mit Pfeffer würzen. Schnittlauch waschen, trocken schütteln und in feine Röllchen schneiden. Das Topping auf das Kartoffelpüree geben und die Schnittlauchröllchen darüberstreuen.

Tinas Spaghetti mit Gemüse-Bolognese

**Am liebsten kocht Tina Spaghetti.
Und ganz besonders mag sie diese Gemüse-Bolognese.**

Zutaten

Für 4 Portionen

250 g Möhren
250 g Knollensellerie
1 Zucchini
1 rote Paprikaschote
6 Schalotten
3 Knoblauchzehen
1 Dose geschälte Tomaten (400 g)
50 g Kirschtomaten
10 EL Olivenöl
2 EL Tomatenmark
Salz
Pfeffer
1 EL Zucker
300 ml Gemüsebrühe
½ Bund Petersilie
400 g Spaghetti

1. Möhren und Sellerie waschen, putzen und schälen. Zucchini waschen und die Enden abschneiden. Paprikaschote waschen und entkernen. Zucchini in grobe Stücke schneiden und das restliche Gemüse fein würfeln. Schalotten und Knoblauch schälen und fein würfeln. Die Tomaten aus der Dose zerkleinern. Kirschtomaten waschen und halbieren.

2. 6 EL Öl in einem Topf erhitzen, Schalotten und Knoblauch 3 Minuten glasig anschwitzen, dann Möhren und Sellerie dazugeben und 5 Minuten mitdünsten. Das Tomatenmark unterrühren, mit Salz, Pfeffer und Zucker abschmecken.

3. Mit Gemüsebrühe ablöschen, dann Tomaten aus der Dose samt Saft und Kirschtomaten zugeben, aufkochen und dann bei mittlerer Hitze 30 Minuten köcheln lassen.

4. Das restliche Öl in einer Pfanne erhitzen und die Paprikawürfel und Zucchinistücke 3 Minuten anbraten, dann unter die Tomatensoße geben. Petersilie waschen, trocken schütteln und hacken.

5. Die Spaghetti nach Packungsanweisung in reichlich Salzwasser al dente garen und abgießen. Die Soße über die Nudeln geben, mit Petersilie bestreuen und servieren.

Tinas Tipp:

Wer mag, reibt sich noch eine ordentliche Portion Parmesan über die Nudeln. Dann ist das Rezept aber nicht mehr vegan.

Alexanders Blumenkohl-Curry

Alex liebt nicht nur sein Pferd Maharadscha; er mag auch dieses vegane Blumenkohl-Curry mit einem Hauch Indien.

Zutaten

Für 4 Portionen

1 Blumenkohl
1 gelbe Paprikaschote
700 g kleine Kartoffeln
2 Knoblauchzehen
30 g Ingwer
2 EL Öl
2 EL Tomatenmark
2 TL Currypulver
1 TL Kurkuma
½ TL gemahlener Kreuzkümmel
Salz
Pfeffer
250 ml Gemüsebrühe
1 Dose Kokosmilch (ca. 425 ml)
200 g Zuckerschoten
5 Stiele Koriander
1 Limette

1. Blumenkohl putzen, waschen und in Röschen teilen. Paprikaschote waschen, entkernen und würfeln. Kartoffeln waschen und halbieren. Knoblauch schälen und fein hacken. Ingwer schälen und fein reiben.

2. Öl in einem großen Topf erhitzen und Knoblauch und Ingwer 1 Minute andünsten. Tomatenmark unterrühren und kurz anrösten lassen. Currypulver, Kurkuma und Kreuzkümmel zugeben und kurz mitdünsten, bis es zu duften beginnt.

3. Blumenkohlröschen, Paprikawürfel und Kartoffelhälften zugeben und ebenfalls kurz mitdünsten. Mit Salz und Pfeffer würzen. Mit Gemüsebrühe und Kokosmilch ablöschen, aufkochen und abgedeckt 20 Minuten garen.

4. Die Zuckerschoten etwa 3 Minuten vor Ende der Garzeit zugeben. Koriander waschen, trocken schütteln und die Blättchen abzupfen. Limette heiß abwaschen, trocken reiben und in Spalten schneiden. Das Blumenkohl-Curry mit Limettenspalten garniert und mit Koriander bestreut servieren.

Mikoschs ungarischer Sauerkrauteintopf

Mikosch ist nicht nur »der beste Reiter der Puszta«, sondern er kocht auch gerne. Was er für Bibi kochen würde? Einen ungarischen Eintopf aus seiner Heimat natürlich.

Zutaten

Für 4 Portionen

2 Zwiebeln
2 Knoblauchzehen
2 gelbe Paprikaschoten
500 g Sauerkraut
2 EL Öl
600 g Hackfleisch (vom Schwein)
Salz
½ TL gemahlener schwarzer Pfeffer
1 TL Rosenpaprika
3 EL Tomatenmark
500 ml Gemüsebrühe
1 Dose gehackte Tomaten (ca. 400 g)
1 Lorbeerblatt
1 Bund Petersilie

1. Zwiebeln und Knoblauch schälen und würfeln. Paprikaschoten waschen, entkernen und in Würfel schneiden. Sauerkraut in ein Sieb abgießen.

2. Das Öl in einem großen Topf erhitzen und das Hackfleisch darin etwa 5 Minuten anbraten.

3. Zwiebel, Knoblauch und Paprikawürfel zugeben, unterrühren und 2 Minuten mit anbraten. Mit 1 Prise Salz, Pfeffer und Rosenpaprika würzen. Tomatenmark unterrühren und 2 Minuten anrösten.

4. Sauerkraut, Gemüsebrühe und Tomaten dazugeben. Lorbeerblatt hinzufügen und alles 20 Minuten köcheln lassen.

5. In der Zwischenzeit Petersilie waschen, trocken schütteln und fein hacken. Den Eintopf vor dem Servieren mit der Petersilie bestreuen.

Tipp des Mühlenhofbauern:
Dieses Gericht eignet sich auch hervorragend zur Resteverwertung.

Bauernschmaus vom Mühlenhofbauern

Das Lieblingsgericht des Mühlenhofbauern ist ein Bauernschmaus. Dazu gibt es ein großes Glas Milch.

Zutaten

Für 4 Portionen

500 g festkochende Kartoffeln
Salz
1 Zwiebel
2 dicke (vegetarische) Wiener Würstchen (oder Knackwürstchen)
3 Gewürzgurken
3 EL Sonnenblumenöl
Pfeffer
4 Eier
2 EL Milch
½ Bund Schnittlauch

1. Am Vortag die Kartoffeln unter fließendem kalten Wasser mit einer Gemüsebürste vom Schmutz befreien, dann in einen Topf geben und mit Salzwasser bedecken. Das Wasser zum Kochen bringen.

2. Bei schwacher Hitze je nach Größe 20–40 Minuten weich kochen, abgießen und auskühlen lassen. Dann pellen und in Scheiben schneiden. Über Nacht abgedeckt im Kühlschrank aufbewahren.

3. Am nächsten Tag die Zwiebel schälen und fein würfeln. Wiener Würstchen (von den Knackwürstchen die Haut abziehen) in Scheiben schneiden. Gewürzgurken würfeln.

4. Das Öl in einer großen Pfanne erhitzen, Kartoffeln dazugeben und anbraten. Zwiebel, Gurken und Wurst zugeben, unterrühren und kurz mit anbraten. Mit Salz und Pfeffer würzen. Eier und Milch verquirlen, in die Pfanne gießen und langsam unter Rühren stocken lassen. In der Zwischenzeit Schnittlauch waschen, trocken schütteln, in Röllchen schneiden und vor dem Servieren über den Bauernschmaus streuen.

ROASTED &
GROUND COFFEE

TOMATE

Kräuter- und Gemüserezepte

Bibi und Tina sind mit der Weidenhofbäuerin befreundet, die sich gut mit Kräutern auskennt. Auch Linda vom Birkenhof verarbeitet in ihren Gerichten vor allem Gemüse zu leckeren Pasten und köstlichem Pesto.

Gemüsepesto vom Birkenhof

Wie lecker ein Gemüsepesto schmecken kann, haben Bibi und Tina von Linda, der Biobäuerin, gelernt, bei der sie manchmal im Hofladen aushelfen.

Zutaten

Für 6 Portionen

2 Möhren
1 Bund Frühlingszwiebeln
50 g Knollensellerie
1 Staudensellerie
3 EL geriebener Parmesan
100 g gemahlene Mandeln
2 EL Olivenöl
Salz
Pfeffer

Möhren waschen, putzen und fein raspeln. Frühlingszwiebeln waschen, putzen und fein hacken. Knollensellerie waschen, schälen und würfeln. Staudensellerie waschen, putzen und ebenfalls würfeln. Das Gemüse mit den restlichen Zutaten sowie je 1 Prise Salz und Pfeffer in einen Mixer geben und grob pürieren.

Bibis und Tinas Tipp:

Das Pesto schmeckt besonders gut zu allen Arten von Nudeln.

ROASTED & GROUND COFFEE
CLEANLINESS · ECONOMY · QUALITY
LION COFFEE
Sevres PARIS

TOMATE

Lindas Tomatenaufstrich

Statt Wurst oder Käse kann auch dieser köstliche Tomatenaufstrich als Brotbelag dienen. Tina mag ihn besonders gerne!

Zutaten

Für ca. 300 g

200 g Sonnenblumenkerne
7 EL Sonnenblumenöl
3 EL Zitronensaft
1 Zwiebel
1 Knoblauchzehe
50 g getrocknete Tomaten
2 EL Tomatenmark
1 TL Zucker
2 EL Apfelsaft
1 TL Salz
½ TL Pfeffer

1. Sonnenblumenkerne für 12 Stunden im Wasser einweichen, dann abseihen und mit 5 EL Sonnenblumenöl und dem Zitronensaft pürieren.

2. Zwiebel und Knoblauch schälen und klein hacken. 2 EL Öl in einer Pfanne erhitzen und Zwiebel und Knoblauch kurz anrösten. Die getrockneten Tomaten fein hacken und zugeben.

3. Tomatenmark, Zucker und Apfelsaft unterrühren und kurz aufkochen lassen. Mit Salz und Pfeffer würzen. Zuletzt die Sonnenblumencreme zugeben und alles fein pürieren.

Tinas Tipp:

Den Aufstrich unter Rühren erhitzen und warm in sterile Gläser (siehe Seite 109) abfüllen. So ist er mehrere Wochen im Kühlschrank haltbar.

Löwenzahnsalat à la Weidenhofbäuerin

Die Weidenhofbäuerin lebt zurückgezogen auf dem Weidenhof. Mit Leidenschaft widmet sie sich der Kräuterkunde. Mit Bibi zusammen hat sie die Blätter für diesen Salat gesucht.

Zutaten

Für 4 Portionen

200 g Löwenzahnblätter
10 Cocktailtomaten
3 Scheiben Toastbrot
10 g Butter
50 ml Olivenöl
1 TL Dijonsenf
20 ml Apfelessig
Salz
Pfeffer
Chiliflocken oder gemahlener Chili (nach Belieben)

1. Löwenzahnblätter gründlich waschen, trocken schleudern und in mundgerechte Stücke schneiden. Cocktailtomaten waschen, halbieren und beides vermengen.

2. Die Rinde des Toastbrots abschneiden und das Brot in ca. 1 cm große Würfel schneiden. Die Butter in einer beschichteten Pfanne zerlassen und die Brotwürfel darin goldbraun braten, dann auf einem Teller abkühlen lassen.

3. Olivenöl mit Senf, Apfelessig, etwas Salz und Pfeffer in ein verschließbares Gefäß geben und gut durchschütteln. Zuletzt das Dressing über den Salat geben und den Salat mit den Brotwürfeln und nach Belieben mit Chiliflocken bestreut servieren.

Bibis Tipp:

Hexisch gut schmeckt der Salat zu frisch gebackenem Brot!

Tipp der Weidenhofbäuerin:
Immer einen sauberen Löffel benutzen, um Paste aus dem Glas zu nehmen. Im Kühlschrank hält sich die Paste mehrere Wochen.

Kräuter-Gewürzpaste vom Weidenhof

Die Kräuter-Gewürzpaste der Weidenhofbäuerin ist ein totaler Allrounder. Frau Martin verwendet sie für Soßen, als Zutat für Kräuterbutter, Kräuterquark und Dips. Verrührt mit geriebenem Parmesan eignet sie sich auch als Pesto für Nudeln und Reis.

Zutaten

Für 2 Gläser (à 200 ml)

- 130 g Basilikum
- 30 g Oregano
- 20 g Thymian
- 20 g Rosmarin
- 140 g Oliven- oder Sonnenblumenöl
- 50 g Salz
- 1 TL schwarzer, gemahlener Pfeffer
- 2 Knoblauchzehen
- 2 TL Zitronensaft

Kräuter waschen und trocken schütteln, die Blätter abzupfen. Alle Zutaten in einen Mixer geben und fein pürieren. Dabei die Zutaten immer wieder nach unten schieben und nochmals pürieren, dann in sterilisierte Gläser füllen und im Kühlschrank aufbewahren.

Tipp der Weidenhof-Bäuerin:

Am leichtesten kannst du Gläser sterilisieren, indem du sie in einen Topf mit kochendem Wasser gibst und sie 10 Minuten auskochst. Die Gläser dann vorsichtig mit einer Küchenzange herausnehmen, abtropfen lassen, füllen und verschließen. Das solltest du aber unbedingt zusammen mit einem Erwachsenen machen, weil man sich dabei leicht verbrennen kann.

Gesunde Snacks für Bibi, Tina und ihre Freunde

Bibi und Tina naschen diese gesunden Snacks gerne als kleinen Energie-Kick oder auch als süße Belohnung.

Himbeer-Energie-Bällchen für Reitermädchen

Ein langes Wettreiten oder ein Springturnier? Manchmal freuen sich Bibi und Tina über diese Bällchen voller guter Energie.

Zutaten

Für ca. 20 Stück

100 g Himbeeren (TK oder frisch)
200 g Datteln (entsteint)
100 g zarte Haferflocken
50 g Cashewmus
130 g Kokosraspel
5 g Chiasamen

1. Himbeeren in einen Mixer geben und grob zerkleinern. Restliche Zutaten bis auf 100 g Kokosraspel zugeben und alles durchmixen, bis die Masse klebrig wird.
2. Aus dem Teig Bällchen formen, in den restlichen Kokosraspeln wälzen und im Kühlschrank mindestens 1 Stunde lang fest werden lassen.

Happy every day

Kokosbällchen für beste Freundinnen

Da Tina diese Kokosbällchen gerne nascht, bringt Bibi ihr hin und wieder die selbst gemachten Kugeln mit, wenn sie zu Besuch kommt.

Zutaten

Für ca. 20 Stück

400 g weiße Schokolade
200 g Sahne
50 g Butter
350 g Kokosraspel

1. Die Schokolade raspeln. Sahne langsam erwärmen, vom Herd nehmen und Butter sowie Schokolade unterrühren, bis alles geschmolzen ist. 250 g Kokosraspeln unterrühren.

2. Die Masse für etwa 1 Stunde in den Kühlschrank geben, sodass sie fest genug ist, um daraus Kugeln zu formen. Aus der Masse etwa 20 Kugeln formen. Die Kugeln in den restlichen Kokosraspeln wälzen.

Bibis und Tinas Tipp:

Für eine gesündere Alternative die weiße Schokolade durch 300 g Kokosmus und 100 g Mandelmus ersetzen. Die Butter kannst du gegen Kokosöl tauschen.

Sesam-Müsliriegel für süße Stunden

Für ihren Freund Alex backt Tina gerne mal diese gesunden Müsliriegel.

Zutaten

Für 12 Riegel

140 g Butter
140 g brauner Zucker
2 TL Honig
1 TL Zimt
150 g Haferflocken
100 g Kokosraspel
90 g Sesam
50 g Sonnenblumenkerne
1 TL Mehl
100 g Cashewkerne

Backform (ca. 20 × 30 cm)

1. Backofen auf 140 °C Umluft vorheizen und den Boden der Backform mit Backpapier auslegen. Die Ränder der Form einfetten.

2. Butter, Zucker, Honig und Zimt in einen kleinen Topf geben und erhitzen. Umrühren, bis sich der Zucker vollständig aufgelöst hat. Haferflocken, Kokosraspel, Sesam, Sonnenblumenkerne, Mehl und Cashewkerne in den Topf geben und unterrühren.

3. Die Masse in die Form geben und im Backofen 30–35 Minuten goldbraun backen. Abkühlen lassen und in etwa 12 Riegel schneiden.

Tinas Tipp:
Du kannst deine Riegel auch in einer Müsliriegelform backen, wenn du so etwas zu Hause hast.

Himbeer-Nussriegel für Reitausflüge

Nichts lieben Bibi, Tina und Alex so sehr wie ihr Wettreiten oder einen Ausflug mit ihren Pferden. Da passt auch noch ein Himbeer-Nussriegel in die Tasche …

Zutaten

Für 12 Stück

130 g kernige Haferflocken
½ TL Zimt
100 g gehackte Mandeln
50 g gepuffter Amaranth
60 g Kürbiskerne
150 g Honig
1 TL Vanilleextrakt
130 g Himbeeren (frisch oder TK)
Salz

Backform (ca. 20 × 30 cm)

1. Haferflocken in einer Pfanne ohne Fettzugabe kurz anrösten. Zimt, Mandeln, Amaranth und Kürbiskerne dazugeben, umrühren und 1 Minuten erhitzen. Vom Herd nehmen und abkühlen lassen.

2. Honig mit Vanilleextrakt, Himbeeren und 1 Prise Salz in einem kleinen Topf erhitzen und 5 Minuten köcheln lassen. Die Haferflocken-Masse dazugeben und verrühren.

3. Die Backform mit Backpapier auslegen, Masse in die Form geben und glatt andrücken. Im Kühlschrank über Nacht fest werden lassen und anschließend in 12 Riegel schneiden.

Snacks für die Pferdelieblinge

Auch Bibis und Tinas Pferde Sabrina und Amadeus kommen hier nicht zu kurz!

Karotten-Hafer-Snacks für Lieblingspferde

**Bibi liebt Sabrina und Tina ihren Amadeus.
Als süße Belohnung gibt es manchmal selbst gemachte Pferdeleckerlis.**

Zutaten

Für ca. 400 g

300 g Karotten
400 g Haferflocken

1. Backofen auf 100 °C (Umluft 80 °C) vorheizen. Ein Backblech mit Backpapier belegen.
2. Karotten waschen, putzen, raspeln und zusammen mit den Haferflocken in eine Schüssel geben und mit den Händen vermengen. Langsam 10–15 EL Wasser zugeben, bis ein klebriger Teig entsteht.
3. Mit den Händen kleine Kugeln formen und auf das Blech legen. Im Ofen 1 Stunde backen, dann auf ein Kuchengitter legen und mindestens 12 Stunden an der Luft trocknen lassen.

Dr. Eichhorns Tipp:

Wenn du Pferdeleckerlis selbst machst, achte darauf, dass du Rezepte auswählst, die keine hohen Zuckermengen enthalten. Achte auch auf die Anzahl der Leckerlis, die das Pferd bekommen sollte. Zwei bis vier Leckerlis am Tag sind in Ordnung, mehr sollte es aber auch nicht sein, um das Pferd nicht zu überfüttern.

Apfel-Leckerlis für Amadeus und Sabrina

Pferde lieben Äpfel, aber Amadeus und Sabrina genießen auch diese Apfel-Leckerlis.

Zutaten

Für ca. 550 g

225 g Apfelmus
200 g Buchweizenmehl
2 TL Fenchelsamen
150 g Vollkornhaferflocken

1. Backofen auf 180 °C (Umluft 160 °C) vorheizen und 2 Backbleche mit Backpapier belegen.

2. Apfelmus mit Mehl und Fenchelsamen verrühren. Haferflocken unterrühren und alles verkneten. Den Teig zu einer Rolle (etwa Ø 2,5 cm) formen und in ½ cm dicke Scheiben schneiden. Die Scheiben auf die Bleche legen und etwa 20 Minuten backen.

3. Dann auf ein Kuchengitter legen und über Nacht auskühlen und trocknen lassen.

Bananen-Leckerlis für große und kleine Pferde

Nicht nur Amadeus und Sabrina werden verwöhnt, auch die kleinen Pferde bekommen mal ein Extra-Leckerli.

Zutaten

Für ca. 550 g

225 g Bananen
200 g Buchweizenmehl
2 TL Fenchelsamen
1 TL Leinsamen
150 g Vollkornhaferflocken

1. Backofen auf 180 °C (Umluft 160 °C) vorheizen und 2 Backbleche mit Backpapier belegen.
2. Bananen mit einer Gabel zerdrücken und mit Mehl, Fenchelsamen und Leinsamen verrühren. Haferflocken unterrühren und alles verkneten.
3. Den Teig zu einer Rolle (etwa Ø 2,5 cm) formen und in ½ cm dicke Scheiben schneiden. Die Scheiben auf die Bleche legen und etwa 20 Minuten backen.
4. Dann auf ein Kuchengitter legen und über Nacht auskühlen und trocknen lassen.

Apfel-Möhren-Pferde-Leckerlis

Sabrina liebt diese Möhren-Leckerlis besonders.

Zutaten

Für ca. 600 g

180 g Möhre
70 g Apfelkompott
200 g Buchweizenmehl
2 TL Fenchelsamen
150 g Vollkornhaferflocken

1. Backofen auf 180 °C (Umluft 160 °C) vorheizen und 2 Backbleche mit Backpapier belegen.
2. Möhren waschen, putzen und grob raspeln. Mit dem Apfelkompott pürieren. Mehl, Fenchelsamen und Haferflocken unterheben und verkneten.
3. Den Teig zu einer Rolle (etwa Ø 2,5 cm) formen und in ½ cm dicke Scheiben schneiden. Die Scheiben auf die Bleche legen und etwa 20 Minuten backen.
4. Dann auf ein Kuchengitter legen und über Nacht auskühlen und trocknen lassen.

Tipps für eine Bibi & Tina-Party

Ihr wollt eine Bibi & Tina-Party feiern? Hier findet ihr alles, was ihr dafür braucht.

Bibis Lieblingsmuffins

Diese Muffins dürfen auf keiner Bibi & Tina-Party fehlen. Nicht nur, weil es Bibis Lieblingsmuffins sind, sondern weil sie so lecker sind.

Zutaten

Für 12 Stück

250 g Mehl
1 EL Backpulver
Salz
2 Eier (Größe M)
90 g Honig
2 Pck. Vanillezucker
1 TL Vanilleextrakt
80 ml Pflanzenöl
100 g Magerquark
80 ml Milch

Muffinblech

1. Backofen auf 175 °C Umluft vorheizen und ein Muffinblech mit Papierförmchen auslegen.
2. Mehl mit Backpulver und 1 Prise Salz vermengen. Eier, Honig, Vanillezucker, Vanilleextrakt, Öl, Quark und Milch verrühren. Die Mehlmischung unterziehen.
3. Die Masse gleichmäßig in die Muffinförmchen verteilen und etwa 20 Minuten goldbraun backen.

Bibis und Tinas Tipp:

Mit den richtigen Cupcake-Toppern bekommst du supertolle Bibi & Tina-Muffins.

Hufeisen-Bienenstichkuchen

Dieser Kuchen ist der Hingucker bei jeder Mottoparty oder dem Bibi & Tina-Geburtstag!

Zutaten

Für 9 Stück Kuchen

Für den Hefeteig

250 ml lauwarme Milch
1 Würfel frische Hefe
70 g Zucker
500 g Mehl
1 Ei
70 g zimmerwarme Butter
1 Prise Salz

Für den Mandelbelag

150 g Butter
3 EL Sahne
100 g Zucker
2 EL Honig
200 g Mandelblättchen

Für die Vanillecreme

500 ml Milch
400 g Sahne
80 g Zucker
80 g Speisestärke
2 TL Vanilleextrakt
1 Pck. Sahnesteif

1. Hefe in der Milch zerbröseln, 1 TL Zucker zugeben und verrühren, bis sich die Hefe vollständig aufgelöst hat.
2. Mehl in eine Schüssel geben, eine Mulde in die Mitte drücken und die Hefemilch in die Mulde eingießen. Restlichen Zucker darüber streuen, einmal grob vermengen und 10 Minuten abgedeckt ruhen lassen.
3. Ei, Butter und Salz zugeben und in der Küchenmaschine zu einem glatten Teig verarbeiten.
4. Zugedeckt an einen warmen Ort 30 Minuten gehen lassen.
5. Teig nochmals durchkneten und auf ca. 30 × 40 cm ausrollen. Teig auf ein mit Backpapier belegtes Backblech legen und nochmals 20 Minuten gehen lassen.
6. Backofen auf 180 °C (160 °C Umluft) vorheizen.
7. Für den Belag die Butter in einer Pfanne schmelzen lassen. Sahne, Zucker und Honig unterrühren und unter Rühren einmal aufkochen lassen. Vom Herd nehmen und die Mandelblättchen unterheben.

Hier geht's weiter ▶

Für die Deko
600 g Frischkäse
3 TL Puderzucker
1 TL Vanilleextrakt
Karamellkonfekt
(ca. 8 Stück, z. B. Toffifee)
silberne Zuckerperlen

8. Mandelblättchen auf den Kuchen verteilen und 25 Minuten backen.

9. Den Kuchen abkühlen lassen und in 10 Stücke schneiden. 9 Stücke davon in Form eines Hufeisens legen. Das letzte Stück so schneiden, dass du damit die Lücken füllen kannst, die beim Zusammenlegen der Kuchenstücke in der Rundung entstehen.

10. Frischkäse mit Puderzucker und Vanilleextrakt verrühren, in einen Spritzbeutel mit Sterntülle füllen und kleine Tuffs auf die Oberseite des Kuchens spritzen. Mit umgedrehtem Karamellkonfekt (als Löcher) belegen und mit silbernen Zuckerperlen ringsherum dekorieren.

Frau Martins Tipp:
Wenn du wenig Zeit hast, kannst du auch fertigen Bienenstichkuchen nehmen und ab Schritt 9 weitermachen!

Bibi & Tina-Erdbeersahnetorte

Die beiden Freundinnen lieben diese Erdbeertorte, die nicht ganz einfach zu backen ist! Mit Frau Martins Hilfe klappt es aber auf jeden Fall.

Zutaten

Für 1 Torte (Ø 20 cm)

Für die Tortenböden

- 1 TL Butter zum Einfetten der Springformen
- 3 Eier (Größe M)
- 150 g Zucker
- Salz
- 150 ml Buttermilch
- 150 ml Öl
- 230 g Mehl
- ¾ Pck. Backpulver

Für die Erdbeercreme

- 400 g Erdbeeren
- 500 g Mascarpone
- 250 g Quark
- 100 g Zucker
- 2 Pck. Vanillezucker
- 13 TL San Apart (veganer Sofort-Stabilisator für Sahne)
- 400 g Sahne

1. Backofen auf 180 °C (160 °C Umluft) vorheizen. Beide Springformen einfetten und den Boden mit Backpapier auslegen.

2. Eier, Zucker und 1 Prise Salz 5 Minuten cremig aufschlagen. Die Buttermilch und das Öl unterrühren. Mehl und Backpulver verrühren, zugeben und kurz unterrühren. Den Teig gleichmäßig auf die Springformen aufteilen und 30 Minuten backen. Wenn du nur eine Springform hast, kannst du die beiden Böden nacheinander backen. Aus dem Ofen nehmen und abkühlen lassen.

3. Die Erdbeeren für die Erdbeercreme waschen, Grün entfernen und Erdbeeren pürieren. Das Erdbeerpüree in einen Topf geben, unter Rühren aufkochen und etwa 30 Minuten unter gelegentlichem Rühren zu einer dicken Creme einkochen lassen. Im Kühlschrank auskühlen lassen.

4. Mascarpone, Quark und die eingekochten Erdbeeren mit Zucker und Vanillezucker in eine Schüssel geben und verrühren. San Apart dazugeben und kurz unterrühren. Die Sahne zugeben und auf hoher Stufe mit dem elektrischen Handrührgerät zu einer steifen Creme verrühren. Beiseite stellen.

Hier geht's weiter ▶

Außerdem
3 TL Erdbeermarmelade zum Bestreichen
200 g Sahne
bunte Schokolinsen und bunte Streusel (nach Belieben)

2 Springformen (Ø 20 cm, siehe Tipp)

5. Die Kuchenböden aus den Formen lösen und jeden Boden horizontal in der Mitte durchschneiden. Den ersten Boden auf eine Tortenplatte legen und mit 1 TL Erdbeermarmelade bestreichen. Etwa ein Viertel der Creme auf den ersten Boden geben. Einen zweiten Boden auflegen und mit einem weiteren Viertel der Creme bestreichen. Den dritten Boden auflegen und wieder ein Viertel der Creme darauf verteilen. Den letzten Boden auflegen. Den Kuchen rundherum mit der restlichen Creme bestreichen. (Das funktioniert am besten mit einer Palette.) Die Torte mindestens 1 Stunde in den Kühlschrank stellen.

6. 200 g Sahne steif schlagen, in einen Spritzbeutel geben und auf den Kuchen kleine Tuffs spritzen. Die Torte mit Zuckerstreuseln bestreuen und rundherum bunte Schokolinsen in die Creme drücken. Die Torte vor dem Servieren 1 weitere Stunde kühlen.

7. Für das richtige Bibi & Tina-Feeling, kannst du die Torte nach Belieben mit Spielfiguren dekorieren.

Bibis und Tinas Tipp:
Das Stapeln des Kuchens gelingt leichter, wenn du dir einen Tortenring zur Hilfe nimmst, den du um den ersten Kuchenboden legst.

Deko-Tipps für die Reiterhofparty

Mit Helium-Pferde-Luftballons hast du dein Zimmer in kurzer Zeit zu einem Pferdeparty-Zimmer umfunktioniert. Die schwebenden Ballons sind auch ein schönes Gastgeschenk.

Mit rustikalen Deko-Elementen schaffst du ein tolles Bibi & Tina-Feeling. Eine grüne Tischdecke in Grasoptik, etwas Heu … all das bringt eine tolle Bauernhof-Atmosphäre.

In Läden für Bastelbedarf oder im Internet findest du sehr preiswert kleine Hufeisen aus dünnem Holz. Die kannst du mit deinen Freunden und Freundinnen nach Lust und Laune bemalen und/oder mit Perlen bekleben. Alternativ kannst du im Internet preiswert gebrauchte Hufeisen kaufen. Es macht viel Spaß, wenn jeder sein eigenes Hufeisen mit Acrylfarbe bemalen kann. Das ist auch ein schönes Andenken.

Steckenpferde basteln:

Dazu benötigst du:
dicke Pappe
eine Pferdekopfschablone, die du vorher auf Papier malst und ausschneidest
einen Holzstab (Rundholz, ca. Ø 2 cm, 70 cm lang) oder Stock
Dekomaterial wie Perlen, bunte Stifte, Wolle
eine Heißklebepistole

- Pro Steckenpferd mithilfe der Schablone zwei Pferdeköpfe aus Pappe ausschneiden.
- Aus Wolle lange Fäden für die Mähne abschneiden und mit der Heißklebepistole an einen Pferdekopf kleben.
- Holzstab ebenso festkleben, dann den zweiten Pferdekopf darauf kleben und nach Lust und Laune bemalen und/oder bekleben.

48 Seiten
9,00 € (D) | 9,00 € (A)
ISBN 978-3-7423-2080-3

Bibi & Tina – Die Schatzsuche/ Schnitzeljagd für deinen Geburtstag

10 Rätselstationen für drinnen und draußen. Mit Schatzkarte, Einladungen und Urkunden. Für Kinder ab 6 Jahren

Auf Schatzsuche mit Bibi und Tina

Bibi und Tina sind ganz aufgeregt! Bei einem Ausritt zur Alten Mühle haben sie eine Schatzkarte gefunden! Doch um zu erfahren, wo der Schatz versteckt ist, müssen sie verschiedene Rätsel lösen. Dabei benötigen sie jede Hilfe, die sie kriegen können.

Dieses Buch versammelt alles, was man für die Planung und Durchführung einer außergewöhnlichen Schatzsuche benötigt. Neben zehn abwechslungsreichen Rätseln zum Ausschneiden und Verstecken enthält es eine spannende Einleitungsgeschichte, eine Schatzkarte und Einladungen und Urkunden für bis zu acht Kinder. Ob drinnen oder draußen, bei einem Kindergeburtstag oder einem Spielenachmittag – diese Schatzsuche bringt *Bibi & Tina*-Fans ab sechs Jahren einen Riesenspaß.

riva